A mon Père

ET

A MA MÈRE,

Hommage de Respect, d'Amour et
de Reconnaissance.

FACULTÉ DE DROIT DE TOULOUSE.

ACTE PUBLIC

POUR LA LICENCE,

EN EXÉCUTION DE L'ART. 4, TIT. 2 DE LA LOI DU 22 VENTÔSE AN 12,

Soutenu par M. BADIN (Jean-Jacques), né à Toulouse (Haute-Garonne), sur tous les objets d'études, fixés pour les trois premières années, desquels ont été extraits les lois, titres et articles suivans.

Jus Romanum.

Lib. 3, Tit. 24.

De Emptione et Venditione.

Emptio et venditio est contractus, solo consensu constans, de re aliquâ tradendâ, pro certo prætio, in pecuniâ numeratâ constituto.

Dicitur emptio et venditio, *solo consensu constans*, quia perfecta est, simul ac intervenit consensus contrahentium circà rem et pretium, etsi neque res tradita sit, neque pretium solutum sit; rei enim traditio et pretii solutio ad consummationem contractûs pertinent, non ad perfectionem. Attamen si specialiter convenerint venditionem in scriptis celebrandam esse, tunc emptio non perficitur nisi post instrumentum et contrahentibus ante instrumentum perfectum ab emptione recedere licet.

Primus effectus perfectionis est ut præstito ab utràque parte consensu, non possit unus ex contrahentibus, invito altero, à contractu recedere.

Secundus effectus est, ut quamvis res nondùm tradita sit emptori, attamen commodum et incommodum ad illum pertineant; id est si res vendita perierit, emptori pereat; quia enim constat per traditionem tantùm transferri dominium. Non obstat quod venditor rei nondùm traditæ adhuc dominus sit : est debitor certæ speciei, principium est quod debitores certæ speciei liberentur interitu rei. Nihilominùs sunt tres exceptiones.

1.º Si venditoris dolus aut culpa levis intervenerit. 2.º Si venditor custodiam in se susceperit. 3.º Si res in genere vendita sit, v. g. decem boves. Idem dicendum est de rebus quæ numero, pondere, mensurâvæ constant; secùs tamen, si talis res vendita sit per aversionem.

Pretium venditionis *in pecuniâ numeratâ* consistere debet, quia si res pro re daretur, esse permutatio. Prætereà pretium debet esse certum, vel per se, vel per relationem.

Omnia quæ sunt in commercio vendi possunt, secùs si non sint, ut res sacræ, etc.

Ex contractu emptoris oritur actio duplex; nempe actio empti et venditi. Actio empti datur emptori contrà venditorem, ad hoc ut rem tradere teneatur. Actio venditi datur venditori qui rem tradidit adversùs emptorem, ad hoc ut pretium cum usuris solvat.

Code Civil.

Liv. 3.ᵉ, Tit. 2.ᵉ. (Des Donations).

Des Dispositions générales et communes à toutes sortes de Dispositions gratuites.

Principes généraux sur la distinction des dispositions à titre oné-reux et des disposition gratuites, deux sortes de libéralités. — De la cause dans les libéralités et si elles peuvent être annulées par défaut de cause et pour cause illicite. — De la capacité pour donner et pour recevoir; règles générales sur l'époque où cette capacité doit être vérifiée; incapacités de donner; incapacités de recevoir; nullités qui en dérivent. — Des biens et de la quotité des biens disponible qui peuvent faire l'objet d'une libéralité, quels biens peuvent être donnés en quotité disponible; réserve diffère de l'ancienne légitime. —Action en réduction dans le cas où les libéralités excèdent la portion dispo-nible. — Conditions qui peuvent être stipulées dans une libéralité quelconque.

Principes généraux.

Le citoyen qui a le libre exercice de ses droits peut générale-ment disposer des biens dont il est propriétaire. Maître absolu de tout ce qui lui appartient, il peut en user comme bon lui semble, *uti et abuti.* Le législateur cependant prévoyant des cas où l'intérêt général, surtout l'intérêt de famille, pouvait se trouver compromis par une liberté qui aurait pu dégénérer en licence, a dû poser des règles, tendant à modifier cette faculté, suivant la place qu'occupe dans la société celui qui veut en user, et suivant la manière dont il veut disposer de ses biens. De là a dû naître nécessairement la distinc-tion des dispositions à titre gratuit de celles à titre onéreux. Par les premières on se dépouille en faveur d'autrui *purement et gratui-*

tèment, (1105) ; par les deuxièmes, au contraire, on reçoit presque toujours l'équivalent de ce que l'on donne (1106). Les effets différens de ces deux sortes de dispositions, ont forcé le législateur, dans l'intérêt social, d'accorder une faveur plus étendue aux unes qu'aux autres : aussi voit-on avec quelles restrictions il permet les dispositions à titre gratuit, et de combien de précautions il les entoure, *nemo suum facile dare præsumitur.*

La loi distingue deux sortes de dispositions gratuites ; la *donation entre-vifs*, qui est un acte par lequel le donateur se dépouille actuellement et irrévocablement de la chose donnée (art. 894) ; et le *testament*, autre acte par lequel le testateur dispose pour le temps où il n'existera plus de tout ou de partie de ses biens (895). La donation entre-vifs est irrévocable de sa nature. Dès le moment que celui à qui la libéralité est faite a manifesté au donateur sa volonté d'accepter d'une manière expresse et authentique, il n'est plus au pouvoir de personne d'anéantir la disposition. Le testament, au contraire, n'a d'effet qu'à la mort du testateur, qui peut, jusqu'à cet instant, changer l'acte de ses dernières volontés. Ainsi le caractère distinctif des donations entre-vifs est l'irrévocabilité ; et celui du testament, est la faculté réservée au testateur de pouvoir révoquer ses dispositions jusqu'à son dernier soupir.

CHAP. I.

Souvent, je dirai même toujours, l'estime, la reconnaissance, l'affection, sont les motifs qui portent l'homme à faire une libéralité à son semblable ; aussi, nul doute, quoique ce point ait été omis par le législateur, que la cause ne doive être pesée dans les dispositions gratuites, lorsqu'elle y est exprimée, et que, si celle qui a mue une personne à faire une donation à une autre, vient à se trouver fausse, on ne doive annuler la libéralité, en se fondant par analogie, d'un cas à un autre, sur l'art. 1131 : pareille décision doit être portée à l'égard de la libéralité qui reposerait sur une cause illicite. Mais je ne pense pas que l'on pût de même, en se fondant sur l'article précité, annuler une libéralité parce qu'il n'y aurait point de cause exprimée dans l'acte. La bienveillance, l'affection du donateur pour le donataire, motif tacite et présumé de la disposition, est une cause suffisante pour la valider.

CHAP. 2.

La faculté de disposer et de recevoir est accordée à toute personne, à moins que la loi ne l'en déclare incapable : telle est la règle générale posée dans l'art. 902. La loi seule peut donc ôter cette faculté, et elle ne peut le faire que d'une manière expresse, d'où il suit que les incapacités ne peuvent être étendues, d'un cas à un autre, avant d'examiner quelles sont les personnes frappées par la loi. Recherchons à qu'elle époque est nécessaire la capacité du disposant et de la personne en faveur de qui l'on dispose.

Dans les donations entre-vifs, il suffit que le donateur et le donataire aient la capacité; le premier, de disposer; le second, de recevoir, au moment de l'acceptation de la libéralité : ce principe est applicable aux donations conditionnelles, parce que lorsque la condition vient à s'accomplir, l'acte rétroagit jusqu'au jour où l'engagement a été contracté (art. 1179). — Il n'est pas aussi facile de déterminer l'époque pour les actes de dernière volonté : il y a ici deux temps à considérer; le temps de la faction du testament, et celle de la mort. La capacité du testateur est requise à ces deux époques; sauf le cas, cependant, où l'incapacité du testateur survenu depuis la faction du testament provient d'une cause naturelle, telle que la perte de la raison. — La capacité de l'héritier institué, etc., n'est exigée qu'au temps de la mort du testateur; aussi l'art. 906 déclare-t-il qu'il suffit d'être conçu à l'époque du décès du testateur, pour être capable de recueillir une libéralité : disposition qui consacre le principe que nous venons d'exposer. Mais dans le cas où la disposition testamentaire est conditionnelle, il n'en est pas de même que pour les donations entre-vifs; la capacité de l'héritier n'est exigée non pas à l'époque du décès, mais bien à l'époque où la condition s'accomplit, parce que le droit de recueillir n'est ouvert qu'à cette époque (1140).

Maintenant que nous sommes fixés sur l'époque à laquelle la capacité du donateur et du donataire est exigée, examinons quelles sont les causes qui rendent incapables de donner, et nous verrons, en second lieu, quelles sont les personnes incapables de recevoir.

§. I.

1.º La première cause d'incapacité est l'aliénation mentale (art. 951); 2.º la minorité : ici une distinction à faire ; le mineur, âgé de moins de 16 ans, ne peut aucunement disposer, sauf par contrat de mariage (903); s'il est parvenu à l'âge de 16 ans, il ne peut disposer que de la moitié de ce dont il pourrait disposer s'il était majeur et par testament seulement (904); 3.º la puissance du mari à l'égard de la femme, elle peut cependant donner entre-vifs avec le consentement de son mari, et tester sans son consentement, ni autorisation de justice (905); 4.º la mort civile (25); 5.º la dépendance du conseil judiciaire, le prodigue peut tester néanmoins (499, 513); 6.º l'état de faillite (444 cod. de commerce); 7.º enfin, l'état religieux.

§ II.

Les personnes incapables de recevoir sont, 1.º ceux qui n'existent pas au moment de la donation. Remarquons cependant que l'enfant conçu est censé venu au monde, et est capable de recueillir et recevoir la libéralité, si sa conception se rapporte au temps du décès du testateur, et au moment où l'acte entre-vifs a été passé : il faut néanmoins pour que la donation et le testament aient leur effet, qu'il soit né viable (906); 2.º les mineurs non émancipés, et les interdits qui ne peuvent rien accepter que par l'entremise de leur tuteur, conformément à l'art. 463; le mineur émancipé peut accepter, mais avec l'assistance de son curateur (935); 3.º la femme mariée, qui ne peut accepter qu'avec le consentement de son mari ou l'autorisation de la justice (934); 4.º le sourd et muet qui a besoin pour accepter d'un tuteur nommé *ad hoc* (936); 5.º les communes, les hospices, etc., qui ne peuvent donner leur acceptation qu'après y avoir été dûment, autorisés par une ordonnance du roi, leur tuteur né (937) ; 6.º le mort civilement (25) ; il peut cependant recevoir à titres d'alimens ; 7.º les tuteurs qui ne peuvent rien recevoir, même par testament, de leur pupille, que lorsqu'il a atteint la majorité, et que le compte défi- nitif de tutelle a été rendu et apuré (907) ; 8.º les enfans naturels qui sont incapables de rien recevoir au-delà de ce qui leur est accordé au titre des successsions (908) ; 9.º les docteurs en médecine, chi- rurgie, etc., qui, lorsqu'ils ont traité une personne pendant la maladie dont elle meurt, ne peuvent profiter des dispositions d'aucune sorte qu'elle aurait faite en leur faveur pendant cette maladie (909) ; (voir quelques exceptions à cette règle dans le même article) ; 10.º le mari et la femme, qui, dans le cas prévu par l'art. 1098, sont incapables de recevoir au-delà de la part d'un enfant légitime le moins prenant. Inutile de retracer ici l'incapacité prononcée par l'art. 912 à l'égard des étrangers ; cet article a été abrogé par la loi abolitive du droit d'aubaine, du 14 juillet 1819.

Le législateur en prononçant ces diverses incapacités, a senti la nécessité de prévenir les moyens de fraude que l'on pourrait em- ployer pour les éluder ; aussi a-t-il disposé dans l'art. 911 que toute donation faite à un incapable est nulle, soit qu'on la fasse sous la forme d'un contrat onéreux, soit par personnes interposées ; et comme la fraude et la simulation, toujours occultes, sont très-difficiles à prou- ver, quoiqu'on puisse les établir par toutes sortes de preuves reçues en justice, il a réputé personne interposée les père et mère, les enfans et descendans, et l'époux de l'incapable, à cause du lien qui les unit à lui (911, § ult.) : observons que ces présomptions légales ne peuvent être étendues à d'autres personnes.

CHAP. 3.

Les priviléges attachés au droit de propriété se trouvent toujours restreints par les devoirs naturels, consacrés par les lois civiles. Aussi, l'homme n'est libre de disposer des biens dont il est propriétaire, qu'en proportion des devoirs qui le lient à la société, à sa famille, et qu'il s'est volontairement et tacitement engagé à remplir. Ces devoirs sont le fondement légitime des réserves que le législateur a établies principalement en faveur des enfans nés d'un mariage légitime, et qui font l'objet de la sect. 1.ʳᵉ, du chap. 3 des donations. Il serait trop long de retracer les diverses dispositions qui la composent. Je pense qu'il suffit de rappeler que les art. 913, 915, 916 du c. civ., contiennent les principales qui fixent la quotité de biens réservés et disponibles, et que pour avoir une idée exacte et complette de cette matière, on doit rapprocher de ces dispositions celles qui ont trait à la réserve des enfans naturels, qui leur est accordée au titre des successions par les art. 757, 758, ainsi que celles qui s'occupent des libéralités faites entre époux, soit par contrat de mariage, soit pendant le mariage (art. 1094, jusqu'à 1100).

Par la combinaison de ces divers articles, l'on est bientôt convaincu que la réserve instituée par le nouveau législateur, diffère essentiellement de la légitime accordée autrefois aux enfans. Dans l'ancien droit écrit, la légitime était dû à la seule qualité d'enfant légitime du défunt; tandis que notre code, qui a suivi, en ce point, l'esprit général des coutumes, refuse la réserve à tout enfant qui perd la qualité d'héritier : ainsi celui qui renonce, aujourd'hui n'a plus droit à la réserve : il est regardé comme n'ayant jamais été héritier (785); tandis qu'autrefois l'on accordait la légitime, même à l'enfant renonçant, parce que le seule qualité d'enfant lui donnait des droits pour la réclamer.

Toutes les fois que les libéralités entre-vifs ou testamentaires viennent à excéder la quotité disponible, elles sont réductibles (920). Mais à qui la loi donne-t-elle l'action en réduction ? Ce n'est qu'aux héritiers réservataires, ou à leurs ayans cause (920). Cette réduction n'a lieu qu'à la mort du donateur, parce que ce n'est qu'à cette époque que s'ouvre sa succession, et qu'alors, seulement, il est possible de voir si la réserve a été entamée. Pour savoir s'il y a lieu à réduction, on forme la masse des biens existans au décès du donateur, on y joint fictivement ceux donnés entre-vifs, on les estime d'après leur état, à l'époque des donations, et leur valeur au temps du décès, on déduit les dettes de tous ces biens, et l'on calcule,

d'après

d'après le nombre et la qualité des héritiers, la quotité dont il a pu disposer (922).

Si le donateur a excédé la quotité disponible, les donations entre-vifs, ne sont réduites qu'après avoir épuisé la valeur de tous les biens compris dans les dispositions testamentaires, ce n'est que lorsque ces dernières sont insuffisantes, que l'on opère la réduction sur les donations entre-vifs, en commençant toujours par la dernière, et ainsi de suite, en remontant des dernières aux anciennes (925). La réduction des dispositions testamentaires s'opère différemment ; elle se fait au marc le franc, sans aucune distinction entre les legs universels et les particuliers (926) ; une exception à cette règle se trouve dans l'article 927. Si le testateur a déclaré qu'il veut que tel legs soit acquitté de préférence aux autres, ce legs ne subira la réduction que lorsque les autres seront épuisés, sans avoir pu remplir la réserve légale. Les fruits des biens donnés et réduits sont dus par le donataire, à compter du jour du décès ; ils ne sont dus que du jour de la demande en réduction, si elle n'a pas été faite dans l'année (928). Les biens-immeubles qui rentrent par l'effet de la réduction, doivent être exempts de dettes et hypothèques créées par le donataire (929). L'article 930, prévoyant le cas où les immeubles donnés pourraient être aliénés par le donataire, permet aux héritiers d'exercer l'action en réduction contre les tiers détenteurs, de la même manière et dans le même ordre que contre les donataires eux-mêmes (930). Le même article accorde néanmoins, en faveur des tiers détenteurs, la discussion des biens du donataire.

Chap. 4.

Celui qui fait une libéralité est le maître d'imposer telle condition qu'il juge convenable : les bonnes mœurs, la morale et la raison, demandaient cependant qu'on mît un frein à cette faculté. Tels sont les motifs qui ont présidé à la rédaction de l'article 900, qui déclare non écrites toutes conditions impossibles et contraires aux bonnes mœurs et aux lois, qui seraient énoncées dans des dispositions entre-vifs ou testamentaires. Il est à remarquer que le législateur n'annulle pas la libéralité comme il annule les contrats pour les mêmes motifs ; ici elle ne fait que déclarer la condition non écrite, et accorde tout son effet à la disposition. Il n'eût pas été juste de priver du bénéfice de la disposition le donataire, qui n'intervient dans l'acte que pour accepter la libéralité ; et encore bien moins l'héritier institué par un testament auquel il ne lui est pas permis d'assister. Mais lorsque la condition n'est pas reprouvée par la loi, son inexécution de la part du donataire entraîne la révocation de la libéralité.

Il est assez facile de déterminer si une condition imposée est possible ou ne l'est pas ; il n'est besoin que d'examiner un fait : tout ce qu'il y a à observer sur ce point, c'est que l'accomplissement de la condition impossible peut être exigé, lorsqu'elle est devenue possible par un événement quelconque. Il est plus difficile de se décider à l'égard des conditions contraires aux lois et aux bonnes mœurs. La diversité d'opinions sur ce point, doit me dispenser d'entrer dans une discussion qui demanderait de trop longs détails.

Au reste, on doit avoir recours, en cette matière, aux dispositions comprises dans la 1.re section, chapitre 4, du titre des obligations.

Code de Procédure.

LIVRE 2. — TITRE 12.

Des Enquêtes.

LA preuve testimoniale est un moyen qui, dans certains cas, doit être employé par le juge, pour s'assurer du mérite d'une demande qui ne se trouve pas d'ailleurs justifiée.

Le tribunal, sur la demande d'une des parties, quelquefois même d'office, doit ordonner la preuve des faits qui sont énoncés ; la partie qui en demande la preuve doit les articuler succinctement, par un simple acte de conclusion (252). Le même article accordé à la partie adverse de dénier, ou reconnaître les faits, également par un simple acte, et dans les 3 jours. Pour que la preuve des faits soit admise, il faut qu'ils paraissent concluans et admissibles. Le jugement qui ordonnera la preuve testimoniale, indiquera, 1.º les faits à prouver, afin que le juge commis pour l'enquête, soit fixé sur ce qu'il devra ouïr des témoins, et pour que l'on n'étende pas la preuve à des faits non admissibles; 2.º la nomination du juge, devant qui l'enquête sera faite; si les témoins sont trop éloignés, l'enquête sera faite devant un juge commis par le tribunal désigné à cet effet (255).

La loi, toujours juste, permet la preuve contraire à la partie adverse. L'enquête et la contre-enquête doivent être commencées et terminées dans les délais fixés par les articles 257, 258, 278, 279. L'enquête commence, pour chacune des parties, par l'ordonnance qu'elle obtient du juge-commissaire, à l'effet d'assigner les témoins aux jour et heure par lui indiqués. Le juge-commissaire ouvre son procès-verbal par la mention de la réquisition, et de la délivrance de son ordonnance (259).

Les témoins doivent être assignés, à personne ou à domicile, un jour au moins avant leur audition, s'ils résident dans l'étendue de trois myriamètres; on ajoute un jour par chaque 3. myriamètres pour ceux domiciliés à une plus grande distance; copie du dispositif du jugement doit leur être signifié, à peine de nullité (260). C'est afin que les témoins n'ignorent pas l'objet de la citation, et pour qu'ils aient le temps de rappeler dans leur mémoire les dépositions qu'ils sont à même de faire. La partie doit être assignée 3 jours au moins avant l'audition des témoins. La citation doit être faite au domicile de son avoué, si elle en a constitué, sinon à son domicile; elle doit contenir les noms, professions et demeures des témoins (261).

Les articles 262, 269, 270, 271, 272, 273, 274, retracent les formalités à suivre pour l'audition des témoins. Les art. 263 et 264 s'occupent des peines à prononcer contre les témoins défaillans. L'art. 268 fait mention des personnes qui ne peuvent être appelées en témoignage.

Les cas pour lesquels on peut reprocher les témoins, sont énoncés dans l'art. 283. Les reproches doivent être proposés avant les déposi-

tions (270). L'art. 282 fait une exception à cette règle ; mais il veut
alors que le reproche soit justifié par écrit.

Lorsque le délai pour faire enquête est expiré, la partie la plus dili-
gente fait signifier, à avoué, copie des procès-verbaux, et poursuit
l'audience sur un simple acte (286). L'enquête peut être déclarée nulle.
Si c'est par la faute du commissaire, elle est recommencée à ses frais
(292), parce que la partie ne doit pas souffrir d'un fait qui lui est
étranger. Il n'en est pas de même, si l'enquête est annulée par la faute
de l'huissier ou de l'avoué, la partie peut en répéter les frais contre
eux ; mais elle ne peut faire recommencer l'enquête : elle doit s'im-
puter de n'avoir pas confié le soin de ses affaires à des personnes dont
la capacité lui fût connue.

Pandectes.

SECTION 4 DU CHAPITRE 4, AU TRAITÉ DES OBLIGATIONS.
(DE LA SOLIDARITÉ).

De la Solidarité entre les Créanciers, et de ses effets.

Lorsque quelqu'un contracte une obligation envers plusieurs personnes, et que chacune de ces personnes a le droit de demander le total
de la chose qui fait l'objet de l'obligation, cette obligation est solidaire
entre elles. Pour qu'il y ait solidarité dans une obligation, ils est nécessaire qu'elle y soit expressément stipulée ; car c'est une exception
au droit commun. Il est cependant des cas où la solidarité a lieu de
plein droit ; tels sont ceux énoncés dans les art. 395, 396, 1033 du
c. civ., lorsque ce droit provient de la nature de la chose, et non de
la volonté des contractans, il y a indivisibilité, que l'on ne doit pas
confondre avec la solidarité. Les effets de la solidarité, entre les
créanciers, sont, 1.º que chacun d'eux peut demander le total de la
créance, comme si elle n'était due qu'à lui seul, d'où suit nécessairement que le paiement fait à l'un d'eux, libère le débiteur envers tous

les autres créanciers, malgré que l'obligation soit divisible; 2.° que la reconnaissance faite à l'un des créanciers, et tous actes qui interrompent la prescription, à l'égard de l'un des créanciers, profite aux autres créanciers; 3.° que le débiteur peut, à son choix, payer à l'un des créanciers; mais si l'un d'eux l'a prévenu par des poursuites, le paiement ne peut être fait qu'à celui-là seulement; 4.° que la remise que fait l'un des créanciers au débiteur, ne le libère que pour la part de ce créancier (1198). Il n'en était pas de même autrefois, la remise faite par l'un des créanciers, libérait le débiteur pour la totalité de la dette. *L.* 2, *dig. de duob. reis.*

De la Solidarité de la part du Débiteur, et de ses effets.

- Il y a solidarité de la part des débiteurs, lorsqu'ils s'obligent chacun pour le total de la chose qui fait la matière de l'obligation. Il est nécessaire, pour qu'il soient solidaires, qu'ils soient tous obligés à la prestation d'une même chose, autrement chacun serait simplement et séparément obligé à la chose qu'il aurait promise. Mais les débiteurs peuvent être différemment obligés à la même chose, et cependant être solidaires. Ainsi, il pourra y avoir solidarité entre deux personnes débitrices d'une même chose, dont l'une serait obligée, simplement et purement, et l'autre sous condition; de même que pour les créanciers, il faut qu'elle soit expressément stipulée; mais les mots *solidarité*, *solidité*, ne sont point sacramentels; on peut les suppléer par des équipollens. Ainsi, il y a solidarité lorsque, dans l'acte, les débiteurs s'obligent, *conjointement, un seul pour le tout, ou chacun pour le tout*, etc. La solidarité peut être établie dans un testament, comme on peut le voir dans la loi 16, *au dig. de legat*, où l'on voit pour exemple un testateur qui charge ses héritiers d'acquitter un legs *solidairement.*

Les effets de la solidarité, de la part des débiteurs, sont, 1.° que le bénéfice de division ne peut être opposé, par les débiteurs solidaires, au créancier (1203); que le créancier peut exercer ses poursuites contre tous les débiteurs, et en même temps; 3.° que l'interruption de la prescription contre l'un des débiteurs l'interrompt à l'égard de tous ; 4.° que là demande des intérêts, formée contre un seul, les fait courir à l'égard de tous ; 5.° que dans tous les cas où la chose a péri par la faute d'un des débiteurs, tous les autres sont tenus d'en payer le prix ; les dommages et intérêts cependant ne doivent être supportés que par celui qui est en faute (1205) ; 6.° que chaque codébiteur peut opposer les exceptions qui sont inhérentes à l'obligation, et celles qui lui sont personnelles ; mais non celles qui sont personnelles aux autres codébiteurs, *comme la minorité*.

La solidarité n'existe pas entre les codébiteurs eux-mêmes. Lorsque la dette solidaire a été acquittée par un seul, celui-ci n'a le droit de demander à ses codébiteurs que la part pour laquelle chacun en était tenu, parce qu'elle se divise entre eux, de plein droit; lorsque le codébiteur qui a payé seul la totalité de la créance la répète contre ses autres codébiteurs, si l'un d'eux se trouve insolvable, il doit lui-même supporter, avec ses coobligés solvables, la perte qu'occasionne cette insolvabilité, suivant l'intérêt qu'il a pris dans l'obligation (1214). Lorsque l'affaire pour laquelle la dette a été contractée ne regarde qu'un seul des coobligés solidaires, celui-là seulement est tenu de la dette vis-à-vis ses codébiteurs, desquels il ne peut rien répéter (1216).

La solidarité cesse, 1.° nécessairement par l'extinction de la dette, et par la perte de la chose due, opérée sans la faute d'aucun des débiteurs ; 2.° par la renonciation expresse du créancier ; 3.° par le consentement du créancier à la division de la dette ; 4.° enfin, par la confusion.

Code de Commerce.

Titre. 1.er, Chap. 5 du L. 3. — (Du Bilan).

Le bilan est l'état actif et passif des affaires du failli. Il doit contenir en détail l'énumération et l'évaluation de tous les biens meubles et immeubles du débiteur, l'état des dettes actives et passives, et le tableau des profits et pertes (471). C'est d'ordinaire l'ouvrage du failli, qui doit , lorsqu'il l'a dressé , le remettre aux agens dans les 24 heures de leur entrée en fonctions (270). Dans le cas contraire , il a un fondé de pouvoir qui est chargé de ce soin , ou , à défaut de l'un et de l'autre , ce sont les agens qui le rédigent eux-mêmes , en s'aidant de tous les papiers , renseignemens et informations qu'ils peuvent se procurer auprès de ceux qui entourent le failli. Le juge-commissaire peut interroger toutes ces personnes , à l'exception de la femme ou des enfans du failli , et ce, sur la demande d'un seul créancier , ou même d'office (474). Si le failli décède , il peut être remplacé par sa veuve et ses enfans , pour toutes les obligations qui lui sont imposées par le présent chapitre.

Des Syndics provisoires et de leurs fonctions.

Le bilan formé , il est remis , par les agens , au juge-commissaire , qui , conformément à l'art. 476 , dresse , dans le délai de 3 jours , la liste des créanciers , qu'il remet au tribunal , et les convoque ensuite par lettres, affiches, et avis dans les journaux. Quelquefois cette convocation se fait avant la confection du bilan. Au jour , lieu et heure indiqués par le commissaire , les créanciers se réunissent en sa présence. Le but de cette assemblée étant de faire nommer les syndics provisoires , les créanciers présentent , à cet effet , une liste triple du nombre de syndics qu'ils croient devoir être nommés. Le tribunal fait son choix sur cette liste , qui lui est remise par le juge-commissaire. Dans les 24 heures de cette nomination , les agens, en présence du juge - commissaire , cessent leurs fonctions , et rendent compte de leurs opérations aux syndics provisoires , à moins que ces agens ne soient eux-mêmes nommés syndics, ce qui arrive souvent. Les syndics continuent ces opérations et administrent provisoirement la faillite , sous la surveillance du juge-commissaire (482).

Les art. 483 , 484 , 485 , règlent les indemnités dues aux agens.

Les syndics sont spécialement chargés , par l'article 486 , de requérir la levée des scellés , et de procéder à l'inventaire des biens du failli. L'art. 487 veut que le failli soit présent ou appelé à ces 2 opérations. Dans la huitaine de leur entrée en fonctions , ils sont tenus de remettre, au procureur du roi, un mémoire de l'état apparent de la faillite, de ses causes et des caractères qu'elle peut avoir. Les art. 489, 490, s'occupent de la conduite que doit tenir ce magistrat, après que les syndics ont rempli le vœu de l'article précédent.

L'inventaire terminé, tous les meubles, effets, argent et titres actifs du failli, sont livrés aux syndics, qui s'en chargent au pied de l'inventaire (491). De suite après ils procèdent au recouvrement des dettes (492). Le même article enseigne quel mode ils doivent prendre pour la vente des effets et marchandises. Le failli qui a un sauf-conduit, peut être employé pour faciliter le travail des syndics. L'art. 494 a pour but d'indiquer contre qui doivent être portées les actions civiles, intentées avant ou après la faillite. Si les syndics administrent mal, le juge-commissaire, sur un référé des créanciers, statue, s'il y a lieu, ou fait son rapport au tribunal (495). Les art. 496, 497, 498, s'occupent du placement des fonds. Les syndics sont chargés, par les art. 499 et 500, du soin de faire tous les actes conservatoires relatifs aux droits du failli sur ses débiteurs.

La fonction la plus importante des syndics provisoires est la vérification des créances. Il serait trop long de détailler les diverses dispositions qui ont trait à cette matière. Ce n'est qu'une simple procédure à suivre, qui n'offre que très-peu de difficulté.

Vu par le Président de la Thèse,

FERRADOU.

Cet Acte sera soutenu, le 10 Août 1827, dans la séance publique qui commencera à huit heures du matin.

TOULOUSE,
IMPRIMERIE DE CAUNES, RUE DES TOURNEURS,
HÔTEL PALAMINY.

www.ingramcontent.com/pod-product-compliance
Lightning Source LLC
Chambersburg PA
CBHW050406210326
41520CB00020B/6477